LOUIS DE LÉAUTAUD

ÉLÈVE A L'INSTITUTION SAINTE-MARIE

LA SEYNE

SES DERNIERS MOMENTS

SA MORT

PONTOISE

IMPRIMERIE DE AMÉDÉE PARIS

Lucien PARIS, successeur

—

1891

LOUIS DE LÉAUTAUD

ÉLÈVE A L'INSTITUTION SAINTE-MARIE

LA SEYNE

SES DERNIERS MOMENTS

SA MORT

PONTOISE

IMPRIMERIE DE AMÉDÉE PARIS

Lucien PARIS, successeur

—

1891

A LA FAMILLE DE LÉAUTAUD

——⚬⚬⚬——

A ses Maîtres ❀✛❀ A ses Condisciples

——▸★◂——

†

LOUIS DE LÉAUTAUD

Habentes devotionem hanc, signum est predestinationis permagnum ad gloriam.
(B. ALAIN, de Rosario).

La religion chrétienne a le secret d'enlever à la mort ce qu'elle a de plus effrayant, et d'en faire pour le juste, comme un paisible sommeil qui termine la nuit de cette vie et précède le grand jour de l'éternité.

Il nous a été donné de contempler ce beau et consolant spectacle dans la mort de LOUIS-ANTOINE-MARIE DE LÉAUTAUD.

Cette scène sublime de calme et de sérénité sera, pour ceux qui ont eu le bonheur d'y assister, un souvenir de toute la vie, un de ces souvenirs profonds, empreints de douce tristesse, mais qu'on aime à évoquer et qui rendent meilleur. Aussi, après la triste réalité, ce n'est pas une impression de mort qui reste dans l'âme, c'est comme un souvenir d'adieu pour la patrie céleste où Louis convia tous ceux qu'il aimait.

Son départ pour le ciel fut bien prompt ; il était bien inattendu : Louis avait toujours eu une santé florissante. Cependant n'eut-il pas comme un pressentiment du coup qui devait si tôt le ravir à l'affection des siens ? Quinze jours auparavant, il disait à un de ses condisciples : « *Ce matin j'ai lu l'Imitation,* « *c'est bien beau ! J'ai réfléchi... il faut être prêt à bien mourir.* »

Le mal se déclara tout à coup le dimanche, 25 janvier, au matin, et le progrès en fut si rapide, que dès le mercredi on put redouter un dénouement funeste. Au soir de ce jour, Louis se confessa, communia en viatique et reçut les derniers Sacrements. Comme on achevait les onctions saintes, sa mère, la comtesse de Léautaud, son frère aîné, Albert, et sa gouvernante si dévouée arrivaient auprès du cher malade : ils ne devaient plus le quitter. Le Comte était retenu par une indisposition, mais le lendemain, à la nouvelle du danger plus pressant, il se hâtait d'accourir. Le jeudi matin, en effet, le médecin avait déclaré l'état très grave ; le soir il y eut consultation. La journée s'était passée dans des alternatives de mieux et de plus mal. Le vendredi matin, à deux heures, une nouvelle crise fit croire un instant que déjà on touchait au terme fatal. A partir de ce moment les crises se succédèrent de plus en plus violentes, et, vers quatre heures du soir, le 3o janvier 1891, quelques semaines avant d'atteindre sa dix-neuvième année, Louis partait pour le Ciel.

C'est dans ces trois jours que Louis, d'un caractère naturellement fort réservé, a révélé toute la solidité de sa piété et la délicatesse de ses sentiments. Aussi est-ce un grand bonheur pour celui qui écrit ces lignes, expression fidèle de ce qu'il a vu et entendu, de n'avoir presque pas quitté le chevet du cher malade. Sans doute, son cœur plus d'une fois a senti l'étreinte d'émotions poignantes, mais aussi quelles douces consolations ! Car s'il la connu peu de temps « c'est dans le bon moment » comme le disait si bien le comte de Léautaud. Oui, c'était le bon moment : les germes déposés dans cette âme par la foi, développés par la piété des parents, fortifiés par l'éducation chrétienne vont prendre un rapide accroissement et porter d'admirables fruits.

Une moisson si abondante et si tôt mûrie laisse soupçonner quelque influence mystérieuse de la grâce. Louis va nous en dévoiler lui-même le secret : « *Je n'ai pas encore récité mon chapelet* » disait-il le dimanche soir. — « Soyez sans inquiétude, « mon enfant, reprend le R. P. Supérieur, ce n'est guère possible « aujourd'hui, la Sainte-Vierge se contentera de votre bonne « volonté. — *Cependant*, ajouta-t-il d'un ton plein de tristesse « et de regret, *j'ai l'habitude de le dire tous les jours, je n'y ai* « *pas encore manqué.* » Il le récitait avant de s'endormir, ses condisciples l'ont souvent remarqué.

Tout le mystère est là. Un jeune homme fidèle à la récitation quotidienne du chapelet, fait preuve, malgré ses défaillances et ses faiblesses, d'une certaine générosité dans son amour pour Marie. Jamais cette bonne Mère ne se laisse vaincre en générosité : aussi, nous le disons sans hésiter, Marie est la céleste ouvrière des grandes merveilles de grâce opérées dans son fidèle serviteur.

N'est-ce pas Elle déjà qui le préparait de loin, et lui donnait pour la lecture de l'Imitation et l'assistance à la sainte Messe, cet attrait qu'il ressentait plus vivement dans les derniers mois, comme il l'avouait à un condisciple ? Mais l'action de la Sainte Vierge se fit sentir surtout lorsqu'il eut reçu les derniers Sacrements. « Vous êtes bien content, lui dit, peu de temps après, le « Père qui le veillait, vous êtes en grâce avec le bon Dieu. — « *Oh ! oui, je n'irai pas en enfer, j'irai au purgatoire, mais on* « *se trouve mieux au Ciel après qu'on a souffert.* »

Le cher enfant goûtait le calme de la tranquille possession de Dieu. Dès maintenant il entre comme dans un monde supérieur : tout s'élève et se surnaturalise en lui. Le souvenir de ses condisciples se présentant à son esprit, son amitié franchit les limites étroites à cette vie si courte, il parle d'eux avec l'accent d'une âme qui voit déjà dans les clartés éternelles, la vanité de tout ce qui passe.

La terre n'était plus rien pour lui ; il était tout à son Dieu. Dans un moment où il paraissait accablé, la Sœur infirmière lui dit : « Mon Dieu je vous aime de tout mon cœur ! » Louis ne comprenant pas qu'elle voulait lui suggérer une pensée pieuse, reprit avec une vivacité naïve : « *Et moi aussi, ma Sœur, je l'aime bien.* »

Ses aspirations à Notre Seigneur, à la Sainte Vierge, à Saint Joseph étaient fréquentes. Il priait surtout N.-D. de Lourdes et le B. P. Chanel, religieux de la Société de Marie, dont on avait célébré le Triduum au Collège, l'année précédente. Les belles fêtes données en l'honneur du premier martyr de l'Océanie l'avaient vivement impressionné ; les lettres qu'il écrivait à sa grand'mère, la comtesse de Léautaud, rappellent ses pieuses émotions. Pendant toute sa maladie il porta sur sa poitrine des reliques du Bienheureux. « *Si le P. Chanel me guérit,* disait-il, « *je veux lui mettre une belle statue à l'infirmerie ; je veux y* « *placer aussi celle de saint Louis, roi de France.* » Il avait pour son patron une dévotion toute spéciale.

Cette piété profonde de Louis, son union intime avec Dieu,

nous expliquent la résignation chrétienne avec laquelle il acceptait ses souffrances. Il aimait à tenir dans sa main et à contempler un crucifix enrichi des reliques de toutes les stations de la voie douloureuse du Calvaire ; il le baisait souvent avec amour. Quand on lui disait d'unir ses souffrances à celles de Notre Seigneur, il se recueillait et répondait : « *Oh ! oui,* » avec un accent d'amour que l'on sentait partir du fond de l'âme.

Nous avons moins de peine, maintenant, à comprendre cette abnégation de lui-même au milieu des souffrances. Le plus souvent la maladie rend égoïste, même des personnes douées d'ailleurs de hautes vertus ; Louis paraît au contraire s'oublier et s'occuper uniquement des autres. Il disait souvent à ceux qui le soignaient : « *Je vous donne bien de la peine, reposez-vous... je n'ai besoin de rien.* » Au moindre petit service, lorsque déjà il parlait difficilement : « *Merci... je vous remercie beaucoup.* »

Son père et sa mère étaient souffrants : « *Papa, vous toussez « beaucoup, il faut vous soigner. Maman, vous paraissez bien « faible, prenez quelque chose pour vous soutenir.* » Rien ne lui échappait : Albert, qui suivait assidûment et avec anxiété les progrès du mal, avait peine à cacher son inquiétude : « *Albert, tu parais bien triste, tu n'as donc pas dormi cette nuit ?* » Et une autre fois : « *Je t'en prie, ne pleure pas ainsi.* » Le cher enfant n'aimait pas les boissons alcooliques ; le médecin cependant les ayant ordonnées, pour vaincre ses répugnances, il suffisait de lui dire : du courage, c'est pour faire plaisir à vos parents.

Détail charmant : il avait prié Albert de lui apporter une liqueur préparée par sa sœur : « *Thérèse fait très bien cette liqueur,* avait-il dit, *je pourrai en boire plus facilement.* » Il la reçut avec grand plaisir, mais jamais on ne put le décider à y goûter le premier, il voulut absolument en faire les honneurs à ceux qui le soignaient. On fut bien obligé de se rendre à son désir.

Jusqu'à la fin il conserva ce calme, cette présence d'esprit admirable ; et, ce qui paraît surprenant, il n'eut jamais le délire proprement dit. On lui entendit prononcer quelques paroles vagues, quelques phrases incohérentes, mais il était dans un demi-sommeil causé par la fatigue. Toujours il répondait avec suite aux questions qui lui furent posées.

Ce calme nous l'admirons surtout dans les dernières heures où se place la scène la plus touchante de toutes, la scène de ses suprêmes adieux. « Louis vient de faire ses adieux, que c'était beau ! » dit le R. P. Supérieur à un Père venu peu après. Oui, c'était beau ! Les heureux témoins de cet émouvant spectacle n'oublieront jamais l'expression de ce visage inspiré, le ton pénétré de cette voix grave, lente, solennelle comme un écho de l'autre vie. Et qui sait, d'ailleurs, si Dieu ne lui donna pas une de ces vues d'un monde supérieur, comme il en donne parfois au seuil de l'éternité ?

Il était deux heures environ ; Georges, son plus jeune frère, priait avec une grande ferveur, agenouillé devant les reliques du B. P. Chanel, la tête appuyée contre le petit autel de N.-D. de Lourdes. Il se lève et s'approche de Louis ; il ne l'avait vu encore qu'un instant, avant midi. « *Ah ! c'est toi, Georges*, dit le malade, *je suis content que tu sois venu ; sois sage..., bien sage, n'est-ce pas ?* « Puis se tournant vers son frère aîné :... « *Et toi aussi, Albert !... Papa, maman, je vous remercie de* « *tout l'amour que vous avez eu pour moi.* — Oh ! mon enfant, « nous ne t'avons pas assez connu, nous ne t'avons pas assez « aimé. — *Oh ! si, vous m'avez bien aimé, merci ! Je vous aime* « *bien tous, je prierai pour vous, je prierai aussi pour ma* « *grand'mère, je prierai bien pour elle... Vous porterez tous* « *une médaille de saint Louis en souvenir de moi.* »

« *Merci, ma Sœur, vous m'avez bien soigné.* »

— « Vos condisciples ont beaucoup prié pour vous, lui dit- « on ; ce matin, ils ont communié à votre intention ; vous ne « les oublierez pas ? — *Merci ! Je suis heureux de voir qu'ils* « *m'aimaient un peu, je prierai pour eux.* »

« *Père Supérieur*, continua-t-il d'une voix plus forte, *je vous* « *remercie de tout ce que vous avez fait pour moi. Je vous* « *demande pardon de toute la peine que j'ai pu vous causer. Je* « *remercie tous mes professeurs et tous les Pères, si bons pour* « *moi. Je suis heureux de mourir dans cette Institution où j'ai* « *été élevé si chrétiennement.* » Se tournant ensuite vers les « siens : « *Vous y reviendrez toujours, n'est-ce pas ? toujours !...* « — Oui, mon fils, nous te le promettons. »

Cependant, son regard inquiet semblait chercher une figure absente : sa sœur Thérèse, qu'il aimait tant, était partie la veille au soir, ne croyant pas le danger si imminent. Tout le monde partageait l'anxiété du malade. Elle arriva enfin. « *Oh ! Thérèse, je t'attendais, je t'aime bien aussi, je prierai pour toi.* »

« *Merci, madame, vous avez été bien bonne pour nous,* » dit- il à l'amie de la famille qui venait d'amener sa sœur, « à l'amie des jours de tristesse. »

Louis remercie encore sa gouvernante ; il n'oublie pas le domestique de l'infirmerie.

Le Père qui lui avait donné les derniers Sacrements entre en ce moment : « *Merci, mon Père, de tout ce que vous avez fait* « *pour moi, je m'en souviendrai éternellement.* » Le cher enfant voulait parler encore à d'autres Pères accourus près de lui à cet instant suprême, mais, épuisé par tant d'efforts, il put seulement exprimer par des signes toute sa reconnaissance.

Sa respiration devenait plus difficile, le dernier moment semblait venu. Son confesseur lui renouvela l'absolution et l'indulgence de la bonne mort. Comme Louis paraissait pénétré de repentir ! Avec quelle foi il faisait de grands signes de croix ! Avec quel amour il portait le crucifix à ses lèvres ! Tout le monde tombe à genoux. On récite les prières des agonisants : « Ame chrétienne, dit le Prêtre, sortez de ce monde, au nom du Père qui vous a créée, au nom du Fils qui a souffert pour vous... » Ils étaient beaux à voir ces parents chrétiens, lorsqu'au milieu de leurs larmes ils disaient avec le Ministre de l'Église : « Oui, mon fils, monte au Ciel ! »

Cependant on essaye de dégager la poitrine ; la respiration devient plus facile, on se prend à espérer ; on avait tant prié N.-D. de Lourdes et le B. P. Chanel !

L'espérance dura peu ; ces retours à la vie n'étaient que les dernières lueurs d'un flambeau qui s'éteint. Le malade s'affaiblissait visiblement. Il répond encore aux invocations à Notre Seigneur, à la Sainte Vierge, à saint Joseph, et de lui-même il continue : « *Saint Louis, priez pour moi ! saint Antoine, priez pour moi !* »

Il fait un mouvement pour porter le crucifix à ses lèvres, son père le saisit et le présente à son fils. Celui-ci le baise avec amour, puis le tendant de ses mains défaillantes : « *Baisez-le* « *tous*, dit-il, *ce sera notre lien d'union pour toujours dans le* « *Ciel.* — Oui, mon fils, pour toujours ; tu nous attireras tous « après toi ? — *Oui, tous.* — Emmène-moi avec toi, lui dit sa « mère. — *Je ne vous quitterai jamais.* » Il faisait sans doute allusion à cette *union*, à cette *reconnaissance* dont il parlait si souvent.

L'attendrissement était général. Seul, Louis ne paraissait pas ému. Il suivait d'un regard attentif le crucifix qui passait de mains en mains et que chacun baisait avec une émotion impossible à maîtriser. Son père sort un instant pour donner un libre cours à ses larmes ; Louis le remarque, il se tourne et dit à demi-voix : « *Je ne croyais pas que papa serait si impressionné.* »

Le cher enfant n'allait-il pas bientôt l'être un peu lui-même ? Il semble repousser plusieurs fois la croix placée devant lui. Est-ce mouvement instinctif ? Il écartait alors tout ce qui se trouvait à sa portée. Est-ce l'effet d'une tentation ? Dieu pouvait bien permettre cette épreuve de sa foi et lui donner l'occasion d'une victoire.

Cette victoire n'était pas douteuse, Marie veillait sur son enfant : Louis était membre de sa congrégation, il portait ses livrées. Toute sa confiance reposait sur cette bonne Mère ; on le voyait bien dans les efforts qu'il faisait pour montrer à tous son scapulaire et son chapelet ! Le chapelet, il le portait à son bras, c'était son arme ; il l'avait si souvent récité ! Sa confiance, il l'exprimait encore dans cette exclamation de bonheur : « *Je suis heureux de mourir dans la maison de la Sainte Vierge !* »

Ce sentiment d'un amour si filial envers Marie n'était pas nouveau dans le cœur de Louis. Il y a plus d'une année ses amis disaient, en parlant d'un condisciple enlevé à la fleur de l'âge : « Il est heureux d'être retourné à temps chez lui pour y mourir. — « *Moi*, reprit-il, *je ne désire pas vivre longtemps ; d'ailleurs, « j'aimerais mieux mourir au Collège !* »

Le cher enfant allait être exaucé dans ses vœux : le dénouement suprême approchait. Le médecin arriva et fit une injection d'éther, dans l'espoir de reculer encore le terme fatal. Le malade en ressentit une impression étrange ; il murmura deux fois : « *Ah ! cet éther, c'est terrible !* » Il survécut bien peu à cette opération ; tous les ressorts de la vie étaient usés par la lutte que sa constitution si robuste avait soutenue contre la mort. La lucidité de l'esprit demeurait toujours, mais la parole devint embarrassée. D'un mouvement de tête expressif, Louis renouvela un dernier adieu pendant que sa main droite s'élevait vers le ciel. Tous ses désirs le portaient vers la céleste patrie : « *Le « Ciel ! je voudrais déjà y être !* » Ces paroles avaient été l'un des derniers cris échappés à son cœur.

Son âme, purifiée par les Sacrements, sanctifiée par la souffrance, allait y monter bientôt. La poitrine se soulève avec effort, la respiration est de plus en plus courte : on attend le dernier soupir.. ..

Mais que se passe-t-il de mystérieux ? Le calme se fait subitement : les yeux du mourant paraissent se fixer vers les profondeurs de l'infini et voir au-delà de ce monde visible, un beau sourire donne à son visage une indicible expression de bonheur ; sa tête redressée, ses bras élevés et tendus en avant, ses lèvres entr'ouvertes, tout en lui semble répondre à un appel d'en haut. « Mon fils, s'écrie la pieuse mère, ce sont les anges, n'est-ce » pas, qui viennent te chercher ? Va, monte avec eux ! » N'était-ce pas plutôt la Reine des anges ? Une parole, la dernière, ferait croire qu'il avait entendu l'appel de Marie ; il avait répété si souvent : « Sainte Marie, priez pour nous à l'heure de notre » mort. »

Ce sourire au Ciel dura deux minutes ; la tête du cher enfant reposa ensuite bien doucement dans les bras de celui qui l'avait assisté durant sa longue agonie. Quelques soupirs encore.... et son âme s'envolait vers la céleste Patrie.

Pour Louis c'était la délivrance ! c'était la joie ! Mais quel déchirement pour ceux qu'il laissait sur la terre ! Quelle douleur dans leurs derniers baisers !.... Mais aussi quelle résignation dans leurs larmes !

Tous s'agenouillent autour du lit funèbre, ils offrent généreusement leur sacrifice dans cette belle prière récitée avec l'accent d'une foi profonde : « Notre père qui êtes aux cieux.... que votre volonté soit faite. » Leur résignation avait cette force si grande, parce qu'elle était accompagnée de chrétiennes espérances. La chaîne des affections terrestres était rompue, il est vrai, « un anneau venait de se détacher, » mais la chaîne des affections célestes, contre laquelle les ravages du temps ne peuvent rien, allait se nouer, ils en avaient la douce assurance.

La mort si édifiante de Louis avait aussi laissé parmi tous ses condisciples la persuasion intime de son bonheur : « Tu ne » peux te figurer, écrit l'un d'eux à son frère, l'effet que m'a » produit cette mort ; je n'ai été triste que pendant l'office ; » avant comme après, je voyais Louis de Léautaud au Ciel, » au milieu des anges, priant pour nous comme il l'avait » promis. » Et un autre : « J'avais presque envie de ne pas » prier pour lui, tant je le sentais heureux ; je lui demandais de » prier pour moi. »

Ces pieuses impressions expriment bien les sentiments que chacun éprouvait, en venant contempler les restes mortels de Louis, exposés à l'infirmerie, devant le petit autel de N.-D. de Lourdes, à l'endroit même où il avait rendu le dernier soupir. Le fidèle serviteur de Marie, si dévoué à la récitation du chapelet, s'était endormi sous le regard de la Vierge du Rosaire : le cœur aimait à reconnaître, dans cette circonstance si touchante, une attention toute maternelle de la Sainte Vierge et un nouveau gage de la félicité éternelle de son enfant. Aussi, devant ce visage si plein de calme et de sérénité dans son dernier sommeil, l'âme, transportée dans une région surnaturelle, admirait les miséricordieuses tendresses de Marie ; elle goûtait dans un profond recueillement la suavité de ces paroles si consolantes de l'Écriture : « Bienheureux ceux qui s'endorment dans le Seigneur. »

Beati mortui, qui in Domino moriuntur.